性の道づれ

脳が求める快楽

上月わたる

牧野出版

目次

第二章 〈快〉が大脳旧皮質を救う

第二章 〈快〉を得る道

第四章　〈快〉を高める道

第五章 〈快〉のテクニック

第六章 感じたいところはどこ？

終章 好奇心が脳を活性化する

装丁　緒方修一
本文写真　淺岡敬史・東寺祥吉
本文ＤＴＰ　株式会社システムタンク

性の道づれ

脳が求める快楽

序章

三欲で生きる

大江山を後にして二度目の旅をはじめた。

歩ける処まで歩いて行ってみよう、そう思って自分の足で旅をすることに決めた。

時折、振り返って見る。大江山の美しく、雄大な姿。

それにしても、歴史をゆるがす様な政争がここにあったかと思うと、人の心の欲、生きる欲、様々な人間の欲を感じずにはいられない気がしてならない。

国を守りたい、仲間を守りたい、家を守りたい。

すべて、愛するが故の人の心の動きである。現代に於いても同じことが言える。

愛する国があり、愛する人がいるからこそ、護る欲がわいてくるのだ。

そうだ、自分も拳法を学びながら、中国の健康に関する奥儀の数々を李家家伝によって教えてもらった。

ここでちょっと、中国にある「家伝法」を説明しておこう。

「家伝法」というのは、一般に公開している漢方・体術とは違って、秘伝としてその流儀を編み出した家々にしか伝え残していない術をさして言っているのである。

思えば、血圧の特効薬である「命仙華」を学びに「李家」まで行った時も、手伝うことはさせてくれても、教えてもらうことは出来ず、殆んどの人達がその秘術を知ることもなく帰っていくのが今も目に浮んでくる。小生がこの原料を知ったのも、運よく春の「棗《なつめ》」が熟れて落ちる頃だったから、偶発的だったと言えそうである。

熟れ落ちた棗を、これも偶然的に石道の上で踏みつけた時の匂いが薬の匂いとそっくりだったのが、気付き初めだ。師匠にこの実を持ち帰り「よく発見した」と言われ、その夜は眠れないほど喜んだことを今更の様に思い出す。

この日から本当に薬にするまでの手法を見つけるのに二年以上もかかった。やっと盗み取れたのだから、家伝の尊さはいうまでもなく、その術の凄さにも心が打たれる。

こんな大きな教えに比べると、喧嘩に強くなったらいいと思っていた自分が、とても小さく恥ずかしい。

当時は嫌々学んだ家伝法が、次々と役に立った旅を振り返って見るととても懐かしいし、何か世の中が必要として呼んでいる様な気がしてならない。

よし、本腰を入れて学んだ跡を手探り寄せてみよう。

世の中の人々のためになる様な気がもりもりとして来た。

確か、人間には〈食欲道〉〈性欲道〉〈睡眠欲道〉の三つが、人生や健康を左右していると学んだ。

そこで〈食欲編〉〈性欲編〉〈睡眠欲編〉と大きく三つに分けて、思い出すままに書いてみることにする。

ふたつの性欲

この三欲は、いずれも過ぎると毒であり、足らざるとも毒であると、まずは知ってもらいたい。

食事一つにしても、偏食やバランスを欠いてはいけない。食べ過ぎ、無理な断食、いずれも病の原因となってしまう。

小生の弟子の一人が、アーモンドを一日二十粒食べると体脂肪が燃焼するということで始めたのだが、しばらくすると、体中にジンマシンが出てしまい、苦しんだことがある。

小生自身も、土・日断食をやった経験があるが、何度やっても即リバウンド。そこでたどり着いたのが、後で説明するが「マゴワヤサシイ」だったのだ。

食欲・睡眠欲については後日、詳細を述べることになるが、じつは、いま人々が一番悩みの種にしていたり、意外と疎かにしたりしているのが性欲道ではなかろうか。

よって、まずはこの性欲というところから、入っていくことにした。

「何だ、助平話《すけべ》か」と思われる人もいるかもしれないが、この助平脳を持っているのは、数多い動物の中でも人間だけであることを諸君は知っているだろうか。

他の動物達は、ただ単なる性の交尾しかないのである。人間とて、大きく分けてみると、肉体的な性欲と精神的な性欲との二つに分けることができる。

もし肉体的なものしかなければ、動物達に毛の生えた様なものでしかないのである。

性器結合による男女の営みも「愛している」という精神的な性欲が働いているのが人間だ。こうした人類にしかないセックスこそ、知的性欲と言えよう。

「愛している」の一言には、脳の活動がある生きるための「気」が働いている。

「愛している」は何処から生まれて来たと諸君は考えるか。心が勝手に働いたのか。

第一章 〈快〉と〈脳〉

知的性欲こそが原点

この「愛している」こそ〈性〉の原点なんだ、と気づくべきだ。

この地球上で起きた、あの氷河期をみごとに乗り切った生命力が、生れて来た時こそが「愛している」の原点だと、私は確信する。

氷河期の度に人類の八割近くは生命を無くしてきた。

生きる術《すべ》を失い、激減してしまった動物たちも数知れない。

〈快〉が人類を救った

セックスにしても、ただ生命を繫《つな》ぐ子孫を残すための〈交尾〉でしかなく〈快〉の世界のものではなかったのだ。

厳しい氷河期の中で、横穴や縦穴を見つけて、その中で肌を寄せ合っている時、暖を取るために触れ合った肌の温もりが始まりで、だんだんと〈快〉の心が生れてきたのだ。

その〈快〉によって触れ合う作業をエスカレートして、本格的なセックスの喜びへと導いたのだ。

類人猿の仲間から人類として移りいく時の想像図を思い出してよく見ると、眉から上は露出した額がほとんどなく、いきなり頭髪になっている。

これは大脳が、まだ未発達であることを示しているのである。

皮膚は体の全体を被《おお》っている。脳もその一つであることは（皮脳同根)、医学的にも人体学的にも証明されている。

この触れ合う〈快〉から、大脳も生れて来たのだ。

だから皮膚の何処に触れても、脳に伝わるという訳である。この皮膚感覚が、他の動物達にはない。

人間脳の出発点となって、次々と物ごとを考える力が出来上がり、好き嫌いまで発展してきたということになる。

〈快〉が脳をつくる

見ること、聞くこと、臭（匂）うことも全て脳が関与して、行動も左右して、ついには言葉も生み出してしまった。

自分の意志を伝達をするためだ。

今日《こんにち》ある人間社会の成り立ちも、心の〈生〉即ち〈性〉の〈快〉

から生れてきたと言っても決して過言ではない様な気がする。

過言どころか、真実の追究には欠かせない学びであると信じる。もし皮膚の温もりも知らず、セックスと呼ぶ〈快〉も知らず延々歴史が続いていたら、どんな人間が……いや。類人猿のままだったかもしれない。

偉大なる脳も生れていないと思うとぞっとするやら。祖先達に大いに感謝と拍手をおくりたくなる。

食べる〈快〉も眠る〈快〉も、〈快〉を追う脳があってこそのことだ。

人間の脳は、ただ生きるためだけのものではなく快感を求めるものだ。

〈快〉が脳を活性化する

すき好んで嫌いな物を食べたり、面白くない遊びをしたりする人がいるだろうか。

諸君は何かに触れて、旅をしたくなることはないだろうか。

小生などは一枚の絵ハガキからでも旅にとび出してしまうこともある。

そこにある歴史や景色は、当然のことではあるが心にはもう一つの食の誘いがある。

絶対に紫ウニが食べたい。それ故に函館・松前まで出向いたこともある。

学生の頃味わった美しい白砂の伊豆の浜辺。

好きな娘と行ってみたくなり彼女を誘って二人で浜辺を歩いた想い出もある。

「おいしかった」と感じた脳。「気持ちよかった」と喜んだ脳。

一度の体験から、人間の脳はどんどんと貪欲になったのである。

だから原点の男と女の交わりも、〈快〉を求め合ってこそ脳の活性化となるのだ。

その「〈快〉を受け取る脳」が活発であればあるほど、快感度も大きくなる。

脳の活性化がそんなに大切なのか、と思われる人も多いかと思うが医学的に見てもどうやら不可欠なものの様だと思える。

数多い医学界の友人達の意見も同じ見解である。

それほど脳にとって大切な皮膚の接触である〈快〉をもたらすセックスが、今日おろそかになってしまったのか。

ただの射精のみであったり、子供を産んだらすぐに別れてしまったり、何か殺伐としたものを感じているのは筆者だけだろうか。いや、心ある人達はこれではいけないと思っている様な気がするし、多くの友人達の声もこの想いに賛成してくれたことに筆者としては気をよくして筆を取っているわけである。

そこで、友人達の意見も大いに参考にさせてもらっていることにも感謝している。

〈快〉を感じているか

社会が急速に発達し、ものごとの動きも目まぐるしくなってきた今日では、ともすれば人は、ゆとりを失ってしまっているいわゆる〈間《ま》〉のない生活では、自然とストレスが溜ってしまう。

そのために、ボロボロになった中堅の部長課長達を巷でよく見かける。

夕暮の電車の中にいると、何だかこっちまでが疲れの中に巻き込まれてしまいそうな空気だ。

この人達に話を聞く機会の多い小生の耳には

「向っていく意欲がない……」

「趣味も持っていない……」

「飲み友達もいない……」

「女のお尻をさわることもない……」

おしまいには
「家に帰るのが辛い……」

などの声ばかりだ。

確かに仕事はクソまじめにやってのけている。しかし、上司の顔色ばかり見ているせいかもしれないが、身体を包むその老人くささを隠すことは出来ない。

早死にへ向かっている哀れな姿にしか見えない。

これ等を解消し解き放ってくれるのが、日々の活動に〈間〉を取り入れるという行為だ。

〈間〉が〈快〉を生む

人間〈間〉を持っていれば、心の中に余裕が生れる。山登り・テニス・ゴルフ・囲碁・麻雀などの趣味の〈間〉でもよい。気分転換になったら、身心の疲れを癒してくれる。

好きな物を飲み食いすることも、大いに気分の転換になることは間違いない。

中でも、人間は皮膚の触れ合いによって性を知って生きてきた。セックスは必ず皮膚と皮膚が触れ合って〈快〉を向上させていることは必然的である。

この人の皮膚と大脳は切っても切れない関係がある。

肌が触れ合うことは大脳を直接動かすことにも繫がっていく。

気持ちいい〈快〉は、もっともっと快感をほしくなる。脳はますます激しく動き、走り廻る。

大脳新皮質によって抑圧されていたストレスをセックスは解き放つ役割をしてくれる。

〈快〉はストレスをほぐす

中国の古書にも、野戦で疲れ果てた武将達は、脳のストレスに〈快〉を与えてくれるセックスによってほぐして、次の戦いに挑んだと記されている。

その文献の中には、いかにしたら〈快〉を得られるか、いかにしたら皮膚が〈快〉の頂点に達するか、女性の絶頂感なくして大きな精気を身に受けることが出来ないとか、その絶頂感のためにはどの様な技が必要なのかと、専門の医者まで側に置いて研究したということからも知ることが出来たのである。

確かに快い《こころよい》〈快〉の交りは、多くの社会戦士達の脳を助けているし、凝りかたまった〈命〉をもほぐしてくれている。

コラム1

五《ご》徴《ちょう》の候《こう》

女性が今どれだけ感じているのかを知りたいのは男性の本音である。それを教えるのが五徴である。

一　女性の顔が紅くなってきた時は、結合のＯＫの心になった時と思ってもよい。体中の気が精気に変化しはじめたことを示している。

二　乳房が固くなったり鼻に汗をかいたりした時は、何時きてもいいよのサインと思ってよし。

三　唾を飲み込むことは限界を知らす合図である。優しく男根の出番とみよ。

四　愛液が溢れ出した時、挿入の時でもありクンニの時でもある。

五　愛液が溢れ出して流れる時ペニスの力を緩めることが必要であり、緩めると女性器も緩やかな快感となる。さらに愛液は溢れ出す精気の高まり時とみて良い。

第二章　〈快〉が大脳旧皮質を救う

弱体化する〈大脳旧皮質〉

ここでもう一つ理屈っぽい話に耳を貸していただこう。

大脳新皮質の一枚岩で立っている男性諸君は、確かに名誉欲や名声を必要としている。地位についていても血眼でその上を追い求めている。

冒険も大好きだ。ロマンにもどっぷりと漬かってしまっている。そのために、性欲や食欲をコントロールする大脳旧皮質の働きが弱体化してしまっているのだ。

諸君の御存知のごとく、現代社会は管理管理の中でストレスの渦の中だ。やってやろうという気持ちすら生れて来ない。

やる気持ちどころか、心筋梗塞などの病に追いかけられて、果ては命まで落している例は年々増えてきている。

昨日まで真面目で、仕事一筋に会社のために遊ぶ時間を惜しんでいた社長が、今日は還らぬ人となってしまった、といったニュースは毎日のごとく耳にする。


小生の高校の同窓会が山陰の玉造温泉で催され、久し振りに賑わった。その時に幹事をしてくれた三谷君が、その翌年に呼吸困難になって還らぬ人となってしまったことを思い出す。

「来年はもう少し賑わって派手にやろうぜ……」

と意気込んでいた姿が、今も目に浮んでくる。

「一つの会社を興し、仕事もバリバリの彼がどうして……」

同級生も口を揃えて、その死を悼むのだった。

それゆえ、何としても弱った大脳旧皮質を救い出さねばならないと考えるのだ。

性欲や食欲の中枢的働きをしている、生まれながらにして人間が持っている自律神経にも直接働きかけているのがこの大脳旧皮質だ。大脳新皮質がストレスで襲われると、即、大脳旧皮質の働きを止めてしまう。そうなると、信号機が壊れてしまったのと同じように、人の心は行き先を失ってしまう。

たとえ死が近寄って来ていても、それに気付くことすら出来なくなってしまう。

小生が尊敬する、アナウンサーの大先輩でもある高橋圭三さんが誰から見ても元気バリバリの時、急に椎間板ヘルニアに襲われて苦しんだことがあった。

それを体術で治したのだが、他の体の歪みがあったことを思い出す。というのも、それから間もなくして入院となり、死も追いかけるようにやって来たからだ。

〈間〉の世界へ

この大難を乗り切る手段は〈間〉という遊びしかないことをここでしっかりと知ることだ。

脳全体を〈間〉の世界へと誘うことで、傾いた、病んだ脳が正常な位置に戻ってくる。スポーツでも旅でも何でも結構だ。〈間〉を取ってやれば、それが命を救うことにもなる。

中でもこれから話す男女の交わるセックスによる〈快〉は、ストレス解放の一番手かもしれない。つまり、人間の脳の安全弁と言ってもよいと考えている。

〈快〉が救いの一番手

気晴らしをすることの大切さ、憂さ晴らしの重大さ。〈快〉がなくてはならない人間脳。このことを肝に銘じて元気に〈快〉ある生活をつくり上げていこうではないか。

家庭の和も社会の和も仕事への意欲にも、きっと役立ててもらえると確信する。

本当の〈快〉の世界と味

さて理論はともかく、本当に脳を休息に導いてくれる絶頂感のある男女の交わりを読者諸兄はどこまでしているのか、知っているのか。

「李家」の秘伝に基づいて、話を進めていこうと思う。

健康とセックスは、切り離すことが出来ないものと知ることが、まず肝要である。

内臓を整える《地丹法》

まず、一つ目が《地丹法《じたん》》である。

地丹とは大自然の中からエネルギーを吸収することだ。食生活が正しくあれば〝いざ鎌倉〟の時には、十分に体が動き反応し、〈快〉の世界と味を知ることが出来る。

そのためにも、余分な内臓脂肪をつけないことが重要となる。

マゴワヤサシイ

◎マ　豆類＝味噌・豆腐などもよい

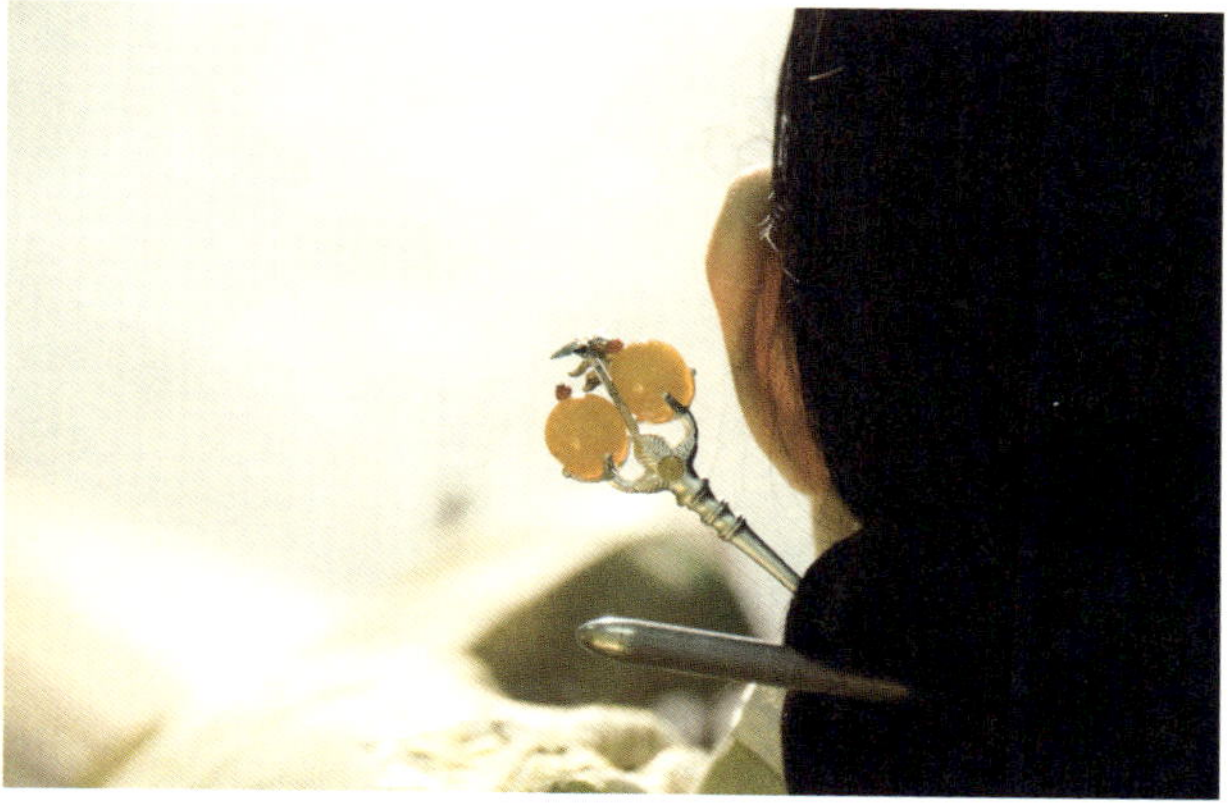

◎ゴ　ゴマ類＝殻が固いからすりつぶすこと
◎ワ　ワカメ類＝海藻類ならよし
◎ヤ　野菜類＝葉物・根物のバランス
◎サ　魚類＝脂身・白身のバランス
◎シ　椎茸類＝茸ならよし
◎イ　芋類＝多種あるのでバランスよく

この「マゴワヤサシイ」を実践した食生活こそ、アーユルヴェーダ（古代インドの教え）の中にあるダルーマの教えである。

ちなみに、ダルーマとは教えを完全に会得した術者のことをいう。

内臓脂肪を減らすだけでなく、内臓の各機能を活発にして仕事や精力の増進には、欠かすことが出来ない食事法と知ることだ。

地丹法の中でも、最も重要な教えであると覚えてもらいたい。

外脂肪が減ってくるので、痩身術と間違える人がいるが、これ自体、痩身法ではない。

この食にかんする地丹法は『食編』の時に大いに語るので期待していただきたい。

精気の交換《人丹法》

二つ目が《人丹法《じんたん》》である。

この人丹法は、男と女のセックスによっての術である。

男は女の精気を、女は男の精気をお互いに吸収して、健康体を作り上げることが出来る。

女性が悶える時には、それは大量の精気を放出している。

また、歓喜に溢れている時の女性が持っている生命エネルギーは、はかり知れないほどのパワーを持っている。

子供をお腹の中で育て上げる力も、このエネルギーから生れている。もっと突き詰めていくと、もしかしたら、子供達の智脳・性格・健康の良し悪しにまで繋がっているかもしれない。

そう考えると、疎かには出来ない大切な術かもしれない。

愛ある房中《天丹法》

愛の房中《ぼうちゅう》と言っても、相手を思いやる心がなければ、お互いに交接するエネルギーにならないのである。

・相手の〈快〉を考えているか
・相手が望んでいることを察しているか
・自分だけの一人よがりになっていないか
・房中に味気のない会話をしていないか（会話で相手が白けてはいないか）
・全身全霊で燃えているか

その愛のあることに注意を払うことだ。

この愛の房中であれば、後は快い眠りが待っている。

これが《天丹法》なのだ。

天丹法は〈快〉の眠りの中に大きく広がっていく。また、ゆっくりとした気持ちで相手から吸収したエネルギーを好みの飲み物でも飲みながら、静心を保つのもとてもよい天丹法となる。

だが、

・相手が燃えつきないでいた時

・房中が終って、何の余韻もなく普段に戻った時

・房中が終って、即、衣服を身につけた時

などは何だか後味が悪く、眠りも浅く朝を向えてしまう。

こんなことは房中最悪だと思ってもよい。

人間が眠っている時は、大自然の中に戻っている時間帯だ。

大自然の中でエネルギーの調律をし、そして翌日に備えていることも知っておくことだ。

セックスの基本に、こんな大きな術があったことにここで気付い

てほしい。そして、今から実行していただければ、より楽しき〈快〉の生活をつくり出すことになる。

絶頂こそが精気吸収の要

精気は健康の大源と言ってもよい。

毎日の食事の管理をして、前にも述べたマゴワヤサシイを実践してより健全な内臓をつくり上げることが、精気を得ることでは何よりも大切なことだろう。

そして、即、吸収できるのがセックスによる、性エネルギーの吸収だ。

このセックスも女性が絶頂に達しなければ、その精気を吸収したくても出来ない。

そして、女性の中でも若い女性には、溢れる様な精気がある。また、子供を産んでいない女性も大量の精気を保有している。

しかし、いくら若くても、セックスによっての女性の絶頂感がなければ精気に出会うことは不可能となってしまう。

〈快〉の扉をひらく前戯

よって、男性は女性を〈快〉の世界に導く責任があるのだ。その責任を果たすためにも快さを感じさせるためにも、〈快〉の喜びを与えるためにも、悶えさせるためにも、前戯が要求される。

絶頂感へと誘う責任が、必然となってくることは、いうまでもない。

女性が快感を増幅してくると、女性の体の中に多くの精気が満ちてくる。その精気が女性器に集まってきて、どんどんと女性器が充血し鋭敏さを増して悶え、そして絶頂感へと誘っていく。

この時が、愛の結合によって得られるエネルギーの交換の時となる訳だ。女性の絶頂感は、男性だけの責任ではないことも知っておかねばならない。

・女性の燃えたい脳
・したい脳
・触れてもらいたい脳
・心から相手を信頼する脳

それも男根との接合がなければ、性エネルギーは精気とはならず、ただの元気に戻ってしまう。

絶頂を二人で目指す

よりよい愛の力によって生れた精気は、二人の共同作業が尊い霊能まで登りつめて、〈快〉の頂点にまで導いてくれる。

こうして、たがいの健康度をはかりつくり出すセックスなればこそ、〈快〉あるセックスか否かによって、大きな違いが出てくる。

セックスは自分だけが満足したのでは、ただ欲情を満たしたに過ぎない。相手に絶頂感を与えなければ、疲れしか残らないのである。

相手を思いやる〈快〉をしっかりと学んでほしい。

コラム2　五欲の候

一　耐え切れない吐息
何かを待ち望んでいる証である。早く抱いて、早く触って欲しい、などの要求サインである。

二　鼻の穴が広がった時
我慢の限界に近いサイン。自分から言い出せないサインでもある。

三　きつく抱きしがみつく時
私を狂わせてのサインである。あなたの好きにしてと無言の声。

舌なめずりに近い心のうちでもある。

四　汗をかく時

女性・男性ともに汗のかき具合が、満足度の証でもある。寝具が濡れる様であれば、絶頂感もある証である。

五　ぐったり眠る

終ってそのまま眠ったら満足度が高かったと思うとよい。すぐに下着をつける様なら不満と見てもよい。この上なく感じた時は何にもしたくない、そっとして眠らせて欲しいものだ。この状態が、最上であると知ることだ。

さらに〈十動の効〉というのがある。これも直接言葉ではなく体を動かして示す訴えである。本音の心を知る動きをここで学んで欲しい。

第三章　〈快〉を得る道

精気を持つ女性の見分け方 Ⅰ

もっと具体的な話に移していこう。

では、どんな女性が健康を促進するほどのエネルギーの持ち主なのか、ということが気になるだろう。

これも「李家」の秘術に寄るところに従って説明していこう。


まず眉の術である。

一　刷毛で軽く描いたような半月型がよい。
二　一文字型はセックスに集中しない、恥らいもない。
三　太い眉の持ち主もセックスが、粗雑である。

四　眉間が狭い女性は神経質で、ヒステリックである。

この伝承から見ると、半月型が、最上のセックス相手と言える。

目の術ではどうであるか。

一　細目の女性は要求が多い、しぶといのでちょっと疲れてしまう。
二　大きい目は持続性がない。セックスにムラがあり、疲れをとるエネルギーにもムラが多いので途中不信になってしまう。
三　ほどほどに大きい目で、白目が澄んでいて外線もくっきりとした眼は深い愛情をもっていて、相手を満足させてエネルギーも大量に有していることが多い。
四　下三白眼で妖しい色気を出して、さらに目尻が下がっていれば最高のエネルギーの持ち主であり、最上の女性でもある。

五　上三白眼の女性は動物的なセックスの持ち主で男性を死にまで追い込んでしまう。気をつける様に。

六　しっとりとした濡れ目の女性は、男性の運気を狂わせてしまう。人相学においても、桃花殺と言ってセックスを避けるべしとしている。

つぎは唇の術である。

一　よく引き締まった唇、そして紅をさした様な唇。少し厚味のあるのが愛情たっぷりの唇である。

二　ふくよかな感じで、縦に線が見える唇は最上だ。

三　おちょぼ口は細やかさはあるが、神経質であるので自己本位の

性格が多い。

四　黒色の唇は冷え症の女性が多く、親身になることがないと思ってよい。

もう一つが歯の術であるが、

一　真白い歯は美しいかもしれないが、人情に薄い。

二　少しクリーム色で白い歯の女性は、人情的でしっとりとした〈快〉の持ち主である。

三　歯は色よりも並びである。これは健康を意味するので健全な身体の現れと言ってもよいだろう。

ちなみに、小生なら〈三〉の女性を選ぶ。歯並びがとても美しく我を出さず、いつの時も燃えつきてくれる。

この眉・目・唇・歯の四術は、ことのほか真実に近い判断材料であるので、真剣に受け止めていただきたい。

精気を持つ女性の見分け方 II

次に「李家」の宝術では、肌の色艶と張り、そのほかの要素とセックスの精気を示している。

一　肌白の中に僅かに紅色が感じる顔の女性は、男性に精気を与える最も有力な顔だと言っている。

二　黒肌の強いほど、逆に男性の精気を奪う女性として見てよい。よほど精力的にも強いのだろう。

三　また、筋肉の締り具合であるが、出るべきところは出、締るべきところは締っていてセックスは〈快〉なる燃え方をする。

四　形の造作は大きければ、それだけ大味なセックスになる。

五　小柄（コンパクト）な女性はセックスもコンパクトになって、満足感が足りない。

六　柔らかさがある声は、悶えても甘くほのかな味を出す、いわゆる温か味というもののある声が、相手に満足を与えて絶頂感を高めてくれる。

情交の時間に気を使う

今までの「李家」の秘術から見てみると、現代に生きる私達は人

丹法からして色々な間違いをしている様に思われる。

まずは、セックスにかける時間の長さがあげられる。

巷の男性諸君の話によると、三十分もあれば上位に入ってきてしまう。

ある時、

「乳房に愛撫が達するまでに三十分は必要だ」

と話すと、

「僕は三十分後には眠ってしまっています……」

と応えた人もいた。

また
「三十分も持ちません……」

と問題外の人までいたのには驚かされた。

こんな交接では、精気もエネルギーも生れることすら不可能である。

精気・エネルギーを生み出す役目の交接は、幸福にいたる道への大切な時間と知っていただきたい。それも、健康を保つ大事な作業である。

長生きのためにも、翌日からの仕事のためにも、若さを保つためにも、もっとこの時間を大切にして深く掘り下げてみなければならない。

精神医学の人達の話でも、人の心が信頼の中に解け込むには一時間から二時間の時間を必要とすると言っている。

ましてや肌を相手に任す信頼感を得るには、かなりの時間を必要とするのも当然かと思われる。そこに生れる期待感こそ、房中になくてはならない燃料だと思ってよい。

愛の給油時間を惜しんではいけませんぞ。

城攻めの極意

『李家秘伝』においてもゆとりある房中法として、時間のことを記している。

武将が城攻めをする時、必ず外堀から攻めていくが、まだ体に火のついていない女性も同じだ、と記している。

女体という城を攻め落とすには、色々な兵法が必要とされるし、計画もいる。テクニックはその攻略法の一つと考えるとよい。

何はともあれ、女体城は攻略されることを心待ちにしているとこ

ろが、野戦と違うところだ。男子の攻略手段を物静かにテストしているのかも知れない。

そう考えるとちょっとした、攻略心に火がつかないだろうか。筆者ならとっくに火がついている。

「いかなる手段でも、攻略して見せたい」

そんな気持ちがむらむらとしてくる。

ただ、正面から攻めてたとえ城を落したにしても、肝心の恍惚の宝庫である精気にはたどり着かない。

外堀から攻める——手足の末端

そこで『李家秘伝』の攻略法に従い、外堀である手足の、それも一番先から攻めていくのだ。

この手足に入るには、温かい抱擁から入るのが順路である。

抱き合うという行為は、氷河期での大発見といえるだろう。

すなわち、皮膚の接触である。

心に隙間をつくる――キス

自然とキスが待っているが、これも優しく情熱的なものが好ましい。

抱擁による信頼の心が、温もりによって解けている証は女性の唇に見えてくる。半ばゆるみがある唇なら、受け入れOKである。

それでもいきなり唇を合せるのではなく、五感の一つである鼻を使うのだ。

鼻を近寄せ、匂いを嗅ぐ仕種で、自分の息をそっと優しく唇にふきかけて見ると女性は
「相手が近寄ってきた」

と心が動き始める。

そしてそれもゆっくりと、唇に触れるようなベーゼだと効果的だ。もう一度、唇を離して、今度は舌先を当てながら情熱的なキスへと進む。

この時、外堀である手をそっと握って手の指先から指のつけ根、二の腕、肩へとたっぷり時間をかけると、女性の体はゆっくりと燃え上がってくる。それも強い愛撫であっては、台無しになってしまう。

女体の産毛を手に感じることが、必須条件となる。

そして肝心なことは、極めてゆっくり、優しく行うことだ。

この最初の愛撫が、安心感の愛撫と言って、とても大事な始まりの信号なのだ。

「もっと気持ちよくなりたい……」

そんな気持ちが生れてくるものと、認識していただきたい。

そうなのだ。体の末端になるエネルギーが、中央へ中央へと、寄り始ると考えていただきたい。

〈核〉はじらす——足のほぐし

そうだ、もちろん中央とは、ワギナ、女性器周辺を指している。

下半身に気持ちが、移動して行ったところで、今度は足の愛撫である。いかに面倒であっても、足も外堀であるので、指の先から始めることが原則とされている。

踵《かかと》も大切な場所の一つである。ゆっくりと手の平で踵を包んであげていただきたい。そうすると、心のほぐれも一段と進んでくる。踵は、常に体重を支えて大変な疲労を強いられている。

その疲労をほぐしてあげると〈快〉の精気が甦ってくる。肩こりをほぐすのと同じで、心まで気持ちよさが伝わる。

ふくらはぎ・膝・太股と時間を使っていく。この手足の愛撫によって外堀攻めのエネルギーが、快感となって女体城の内城に伝わり、開門したいという精気となる訳だ。

開門近し——背中

それでも男子たる者は、急《せ》いてはいけない。

ゆったりとした気持ちで、はやる心を押さえて、今度は背中に手を廻し力いっぱい抱きしめてやる。

熱くなった唇で、相手の我慢いっぱいの唇を吸ってやる。

この時の女性は、よほどの手抜きのないかぎり爆発（バースト）寸前だと思ってよい。このキスの時に片方の手で黒髪をソフトに撫でてやるのも城攻めになる。

そして、唇を首筋に移していくと良いだろう。

〈快液〉を待つ――乳房

その後がやっと乳房である。その乳房も中央からではなく、外まわりからだ。外から段々と中央に、唇と舌を這わしていく。女性の乳房の中心は、第二の性感体でもあるので、ソフトにゆったりと舐めてあげるのが男子の義務である、と『李家秘伝』にも記されている。

乳頭が固く張りをみせてきたら、いよいよバーストである。そのバーストしかかった局部に手の平を当てる様にして、親指以外の四本の指平で優しく局部の愛撫をしてあげる。それも、クリトリスへは触れないことが原則だ。

それもそのはず〈快〉を寄せ集めた局部は元気が興奮を誘い、興奮は精気に変身して、ついに快液となって流れ出てきて、我慢できなくなってきているから、それをじれったくするのも、城攻のテクニックというものだ。

指平は、そのじらし道具にはとっておきの攻め道具なのだ。

この待ったなしの爆発時こそ、ペニスの攻め時と思って下されば満点の読者と言える。

コラム3 十動の効

一　両手でしっかりと抱きついてきたら、こよなく抱きしめて性器の感触を知りたいサイン。

二　両足に力が入って伸すのは、ワギナに触って欲しいサインである。見逃すと白ける原因になると知ることだ。

三　お腹に力が入ってきたら「挿入して」のサインである。この時点では浅く入れることが原則である。

四　お尻が動いてきたら感じてきた証と知れ。もっと愛撫が欲しいサインでもある。

五　足がからんできた時は、深く入れて欲しいサインと見て間違いなし。

六　体を上に上にと持ち上げてきた時は、快感の上昇を示している喜んでいる証だ。

七　足を交差する仕草は感度が高くなってきた証で、切なくなってきたことを知らせていると知れ。

八　腰が横に振り出したら変化を求めていると思った方がよい。

九　動きが鈍くなってきたら精気を吐き出したと知るべし。

十　愛液がさらさらしたり出なくなってきたら、精気がなくなったと知れ。

第四章 〈快〉を高める道

ことばの極意『褒声丹』

『褒声丹《ほうせいたん》』

褒め合うことは大きな前戯と考えていただきたい。

ほんのちょっとしたことでも、褒められると誰でも快いものであるが、男と女の間の褒め言葉は、特に愛情の世界の褒め言葉は、精気への炎を駆り立てる大きな道具の一つである。

「今日の髪型とてもいいよ」

と言われただけでもついつい、心が浮き浮きと弾んでくる。

「ネクタイ変えたのね。私好みだわ」

相手に気に入ってもらった、ただそれだけで、心の通った仲間と

いうか二人の間がもの凄く近くなった気持ちが生れる。

この心の働きが精気となる。

交接の最中だって
「いい香りだね……」

と、その日の香水を褒められると、興奮のゲージが上がってくるものだ。

下着一つ褒められても、興奮は自然と高まってくる。家に帰っても、その下着を特別な興奮剤として見てしまう。

どんな小さなことでも、相手を褒めることを忘れずに実行することだ。それもソフトな優しさのある声が良いのではないかと思う。

そして、相手の心に止まるもの、即ちインパクトのある具体的なものほど効果が一段と光る前戯となる。また、相手がちょっとコンプレックスと感じているところを褒めることも、大変な効果がある。

私事で恐縮ではあるが、ある時ちょっと気になる、大きなホクロが目立つ娘とデートしたことがあった。

「涼子の黒豆さん食べてみたいよ」

と言ったところ

「あら嫌だ……」

と言いながらも彼女の目が潤んできたものだった。

初めの頃には「お世辞」にしか取らないかもしれないが、何度も褒められると嫌な気はしないので、心理的にもほっとしてガードを緩めてしまう。

笑窪《えくぼ》一つだって、充分な褒め材料である。

ともかく褒める術は、前戯として知っておいて決して損にはならない。ついでであるが、この褒めの術、日常の仕事場でも大いに役に立つこと受け合いである。人様から喜んでもらえ、自身の株も上昇する。

夜も昼も役に立つ褒めの技、大いに活用してみるといい。

キスの極意『味唇丹』

『味唇丹《みしんたん》』

五感の中でも口から出る言葉とともに重要なのが、接触による前戯である。即ち、キスによる前戯が大役をつとめている。

＊美触キス
唇にそっと唇を合せるキス。相手の美しさが間近にいて、そっと触れた感触が何かを期待させる。

＊美感キス
唇と唇を触れ合って、相手の息を確める興奮を引きだすキス。

＊美音キス
鼻・瞼《まぶた》・顎《あご》・耳・額などに軽い音をたてるキス。

＊美舌キス

舌先をからませて相手の味を確かめ合い、ねっとり感を精気に導くキス。

＊美甘キス

体が反応を覚えたら、その感触のままにキスをする。

＊美福キス

相手の舌を思い切り吸い、情熱を高めていくキス。

＊美欲キス

情熱を精気に誘い、精気を盛んにして絡み合うキス。

＊美願キス

これは女性が最も心から願っていて、口に出しにくいキス。また男性もどこで唇を這わそうかと、気をもんでいるキス。

腰が動き出して何とも言えない。

快感が押し寄せ、全身が痺《しび》れ熱くなり、自分の理性はどこかへとんでいきそうになる。いやいや、とんでしまうのが普通なんだそうだ。

そう、クリトリスへのキスである。

快感の行きつくとこまでクリトリスへキスをして欲しい。舐めて舐めて食べて欲しいキスである。

女性から口に出来ないキスであるから、男性がうまくソフトに優しさを持ってリードすることが原則である。

甘噛みの極意『噛丹』

『噛丹《げったん》（甘噛）』

これは軽い刺激によって絶頂感への道を開く、キスの延長と考えるとよい。

＊首感

首の周辺にそっと歯をあて、唇と歯の弾力を這わすと、性感神経がこれを受けとって快感度を高めてくれる。

＊耳感

耳たぶのキスのつもりで、歯をあてがいながら耳たぶを少し引っ張ると、その時に鼻からの息が耳に入り興奮度が一層高くなって精気を増す。

＊腕感

二の腕へのキスをいう。二の腕の肉厚を出来るだけ口を大きく開いて、傷のつかない様にそっと噛む。仔犬がじゃれている甘噛みの形でいい愛の交換作業の一つである、と記されている。「李家」では官能の術と呼んでいるので、これも性感体への誘いの術であろうと承知している。

その他の極意

＊明感

これは耳・目をいう五感からの精気向上の術と思っていただきたい。房中にあって灯りは大きな補助の役割を果たしているのは、当たり前のことと認識していると思いきや、周りに話を訊いてみると、意外や意外。問題にするほどのものではないと思っている人が多いようである。重要であると心得るべし。

「李家」の術では、黒・紫・白・赤・黄・青・緑の七色を使って寝室をつくり、それぞれの工夫で房室として、百組のカップルに実験台になってもらい、色による反応の統計を取ってみたそうである。

この中でカップルから最も多くの支持を得たのが、紫の部屋。次が、白い部屋とのことだった。

曰く、紫の部屋と白の部屋では「凄く興奮しました」。

最高のエクスタシーも感じることが出来た、というのである。何よりも参考になるのは部屋での過した時間である。他の色の部屋に比べて何と一時間半も多かったという結果が出ている。

そして、この時間も無理矢理かけるのではなく自然にかかってしまうことが肝心であろう。

＊耳感

五感と言えば、先ほども耳を噛むことで出てきたが、耳から聞く音というのも見逃すことが出来ない。日本でも軽いＢＧＭによって性感を高める実験はされているが、「李家」では面白い音の房中実験をしている。それはお国がらを反映した音楽を流すのである。日本のカップルには琴の曲が、一番受けていたし、中国のカップルなら胡弓の曲が精気に届いている様だ。

また地中海方面のカップルではカンツォーネの曲が性感脳に響いたとの結果が出ている。

アフリカなどの人達はこぞって太鼓の音となっているし、ブラジルのサンバ、アメリカのジャズ、沖縄の三線《さんしん》（蛇皮線）、ハワイのウクレレなど、きっとこれらの曲が肌を通して脳に伝達され、官能物質を刺激したとの実験結果だ。

きっと、幼い時からその人の肌が耳から入った音で〈快〉を知っているからだと判断できるような気がする。

それにしてもこんな広い範囲までも手探りをしての実験を見ても分かる通り、人の脳の安らぎの解明のための医療だということが、理解できるだろう。

きっと幼い頃から馴れ親しんできた音楽が、その人の皮膚を通して脳に安らぎを与えゆったりとした〈快〉ではないだろうか。そして、耳の偉大さを改めて知ることもできる。

自分なりに色も音も手さぐりしてみるとよい。

取り敢えず小生の好きな色は白であり、音は雨の降る音である。だから雨の日は大好きである。

ともあれ、音も色も私達の日常生活の一駒である、房中を説き明かし、いかに大事な脳の安らぎであるかと、示してくれたことに頭が下がる。

コラム4

早漏を治せるか

世の中で早漏に悩んでいる男性諸君の数が意外と多いのには、びっくりさせられる。

中には女性器を前にしただけで漏れてしまう男性もいるようだ。女性器に挿入して一、二分しか持たない人もいる。

いずれにせよ、女性のオルガスムスより先に射精すれば早漏のうちに入ると思えばよい。また早漏では相手より精気を頂くことは到底出来ないと知れ。

しかしながら、早漏を治すことは不可能ではない。

その方法は、

一　あせらず時間をかける

性交中に挿入したペニスを漏れる寸前に一度ワギナから離して見るとよい。そしてまた挿入し、漏れそうだとまた再び離して見る。これをタイミングよくテクニックに見せて相手には「じらし」と思わせることで、段々とワギナに対する免疫が出来上がり、自然と早漏が遠のくことになっていくことは確実である。

二　目で見て治すこともある

相手の陰門を自分の目でよく見る訓練である。陰門への愛撫、ベーゼの時の時間をたっぷり取って、相手の陰門を目に焼き付けるのである。これは目、即ち視覚による免疫法である。意外と完治出来る方法なので即実践してみることだ。

三　オナニーによって射精を止める訓練である

今にも射精しそうになっては、手の動きを止めて射精を防止する訓練である。目に見えて持続力が出来、早ければ二ヶ月位の訓練で十分にセックスに持ちこめることは請け合いだ。何はともあれ、早漏は男性にとって悲劇的なものがあることはいうまでもないので早々に訓練されるがよい。

第五章　〈映〉のテクニック

母性愛と友愛

女性には愛と言水《げんすい》が必要なものだ。
恋愛もその一つである。
人を愛し愛される時、女性は、男には想像もつかないほど全身でぶつかっている。
だから、失恋でもしたら
「死にたい……」とか
「人生は終わりだ」とかと
自棄になっている姿もよく見かける。
母性愛も男性では知ることの出来ない隠れたものがある。

たとえば赤ちゃんの便が手に付いたとしても、平気で処理をしているし、ちょっと水洗いしただけの手で何かを口にしている風景も巷でよく見かける。

これ等は母性愛なくして、出来ない光景である。友愛にしても親の注意より、真剣に受け止めている。そこにはそれなりの信頼と、集団欲が存在しているものと推定される。

人間、三欲（性・食・睡眠）の次にくる欲が集団欲である。人類愛にしても同じであろう。ちょっと親しくなると、たとえ遠い国の人とて仲間意識が深まり、まるで竹馬の友のようでもある。

男女の友愛

これ等の愛より一段上まわるのが、男女間の愛である。だから「李家」では人間のことを「愛されたい生命体」と呼んでいる。

「李家」では多くの女性に愛＝セックスなのか、セックス＝愛なのか、また今あるセックスに愛があるのか、と調べたことがある。

その中には

「昨夕のセックスは気持ちよかったのに今日は全然感じなかった……」とか

「うちの彼は私を本当に愛して抱いているのか……」

「私って愛が足りないから彼が一所懸命にセックスしてくれない

のだろうか……」と

愛先行型の女性が大半を占めていたことが明らかになり、急遽、前戯教室を開き勉強会をしたそうである。

愛に必要な技術

愛があるから気持ちいいセックスになるんだ、と過信していては大間違いで、正しいセックスの知識・脳がないと不満しか残らなくなってしまう。

私達も今までの勉強不足を反省して、気持ちいい〈セックス脳〉になるよう心がけよう。

そのためのこの本なのだ。

人の楽しい快い〈快《こころよ》〉の時が人の幸道となれば、と「李家」の秘術をここに紹介している訳である。

髪の毛へのテクニック

髪の毛には特別の神経が通っているわけではないが、この髪の毛の愛撫には、心の安らぎをつくり出す仕掛がある。

頭皮の下には、全身に指令を出している大事な脳が鎮座している。その脳が「安心」の発信を出すと、体全体が「安心」を受け止める。

これが愛撫されてもいい、どこを触られてもいい、という心の準備となることをまず知っていただきたい。

だから、髪の愛撫なんてなどと面倒がらずに心を込めて愛撫を行うことが、男性自身にとっても大きな喜びがやってくる下準備であると思うことが大事である。

脳天のあたりを「百会《ひゃくえ》」と言って、安堵感をもたらす神経が集中しているので、そこの髪を軽く引っぱるように愛撫すると、体全体に〈快〉を伝えてくれることになる。

また、目尻近くには「瞳子髎《どうしりょう》」というツボがあり、指で頭皮をマッサージすると、酔心が倍増すること間違いなし。

首回りへのテクニック

髪の近くには、首回りがある。この首回りも、素晴しい夜を過すためには、重要な場所である。ことに襟足《えりあし》には多くの神経伝達の通

り道がある。よって愛撫の優しさが言葉が伝わる如く、全身に流れて伝わるのである。

首筋・顎《あご》も同じ効果があると思っていただきたい。

気持ちいい〈快〉の流れが全身をかけめぐり、それぞれの場所が快の海に浸ってくる。

耳へのテクニック

近くには五感の一つ「耳」がある。音によって捕える〈快〉の耳も愛撫によってさらに大きい〈快〉を感じるところでもある。

そっと指先で触れて見ることが、大事な行為である。

もともと、敏感に出来ている耳は愛撫による〈快〉の受信によって、さらに敏感になっている。そこを触れたら、快感も一気に急な流れとなる。

その上に熱い息でも吹きかけたら、もう我慢の出来ないほどの快感となることはいうまでもない。

たとえ、女性が熱い吐息を出したとしても、男性たるものは心を動かして負けてはいけない。

じっと我慢して大いなる〈快〉の時を待つことが必須である。

手へのテクニック

耳への口の愛撫をしながら、手は女性の指先をしっかりと握り、指股を丁寧に愛撫していくのである。

二の腕も肩先も鎖骨も、手抜きのない様に行うことだ。これ等の愛撫であるが、指先だけで手に力を入れてはならない。ソフトに撫でることが必要である。また、産毛を逆撫ですることが効果を何倍にもする。

分かっていただけただろうか。

これも手抜きをしやすい行為なので、しっかりと注意事項として覚えておいて欲しい。

我慢もテクニック

ここまで来れば女性の方も

「もうお乳に触ってくれても……」と思われる人が多いだろう。

溢れくる吐息も多く大きくなってきているだろうが、男女ともももう少し我慢することだ。大きな歓びが待っているのだから、そのくらいの我慢はしていただこう。

「李家」でもここが、大切な我慢であると記してある。

足へのテクニック

中心部より遠いところに、まだ足が残っている。

足も指先から入っていこう。

足の指股には中心部に直結しているので、多くの神経が集中している。その愛撫の効果も、大きいものである。

足の裏はどうかというと、ここは第二の心臓と言われる場所で、足の裏全体に張りめぐらされている神経が一気に反応し、〈快〉の世界はもう堪えきれないほどの高鳴りとなってしまう。

これ等の働きの全てが脳神経の働きによるものである。各部分より発信した快音は脳に集合し、必要な部分に伝えてその働きを増幅させていく仕掛けになっている。

足の膝・脹《ふく》ら脛《はぎ》・太股《ふともも》と肝心の中央部の周りへと進んでいくので、あくまでもタッチはソフトに。指先だけを利用することが原則と覚えていて欲しい。

尻と背中へのテクニック

この辺りまでくると女性の喘《あえ》ぎも「腰を動かしたり」「体をくね

らせたり」「声の方も通常ではなくなる」かと言って、男たるもの局部に手を出してはいけない。

お尻のラインも残っている、背中も残っている。

ゆっくりと時間をかけて、女性を恍惚の世界へと誘っていくのだ。

乳房へのテクニック

そして、残る大きなポイントの一つである乳房へと進んでいく。この乳房も乳首より一番遠い乳房の外側より、ソフトに指先で円を描いてタッチしていただきたい。

女性にとっても第二の恍惚ポイントである。

期待する気持ちもこれまで以上に大きいものがあり、交接への準

備も万全、といった状態となっているので、乳首は固く強張ってきているはずだ。

大きく体もくねり、発する吐息も荒くなっているが、その美しさに負けて急がないのが男子たるものの大役だ。

落城寸前の女体城への攻めはくれぐれも申し上げるが、「急がない」ということ。充分過ぎる位の愛撫から、初めて熱い息を乳首にプレゼントする。それも、ソフトに愛しいようにすることが原則である。

これと並行して、親指を除く四本の手の指で初めて中央部の本丸へのタッチである。いとも優しく、ゆっくりとしたタッチが効果的である。ここ辺りまできても、クリトリスにはタッチしてはいけない、これもまた原則である。

「慌てる乞食は貰いが少ない」というが、ここで急いては最後の落城の美しさを拝むことが出来ない。

乳攻めしていた唇を段々と、下に移動して初めて本丸へのベーゼとなる訳である。そのベーゼもクリトリスをいちばん最後にまわす。なぜなら、ここは女体城の完落を誘う絶叫ポイントと覚えておいて欲しい。

普通の男性はこのポイントを女性が落城しやすいと思って、早く手を出してしまうが、それは大きな間違いであることもここで知っておいていただきたい。

『李家秘伝』ではこの点を特に強調している。

後で分かったのだが、この秘伝書は時の皇帝からの依頼でつくられたものということだ。しかも、その名を『至福の花』と呼んでいたと教えられた。

治め事・心の和・家の和にとても大事なことであるとも記してあった。

その上に〈快〉は人間の脳の活動にもなくてはならないものだとも教えている。

その脳についていては、この秘法の話が区切りのついたところで、説明していくことにする。

核へのテクニック

中央のポイントの話に戻す。

もう耐え切れなくなったことは、女性自身が表現してくる。表現

の方法は、数限りないものと考えてよい。

無口で仰《の》け反《ぞ》る人もいる。訳の分からない言葉を発する人もいる。時には「助けて〜」と叫ぶ人も数多くいる。統計上一番多かったのは「もうダメ〜」の叫び声だった様だ。

このいずれかの女性のサインが発せられて初めて、クリトリスへのベーゼへと進むがよい。大半の女性はここで一度や二度のオルガスムスに達する。

この女性の恥らいもなく乱れる様は、男性に対する愛撫のご褒美なのである。

「こんなに美しいものか」と見とれてしまうほどだ。

この姿を見て、男性は初めて愛液の溢れる陰門への挿入が許される。それもゆっくりと挿入し奥まで届いたらほんの少しの間じっとしていることだ。

この「じっと」には訳がある。

一つの技かもしれない。じっとしていることによって女性の膣内が、ゆっくりと締り始める。

陰茎に合わせて、ほどよく締る仕掛になっているので、交接の〈快〉も一段と高まって、女性とともに大きな大きなクライマックスを迎えることが出来るのである。

この時も、女性が花と散って美しい大絶叫の姿体を披露してから後に射精すると、大満足の余韻を呼び〈快〉の大海の中に身を寄せて幸の波打つ音を聞きながら、深い深い眠りについていくのも大精気を養う至福の夜ではないかと思う。

「李家」の秘伝では「至福の海砂に眠る」と記している。

いかがだろうか。

「李家」の秘術を素晴しいと思わないだろうか。

今すぐにでも、実践に移したくならないだろうか。

どうぞ熟読の上、くれぐれも反則のない様に実践してみていただきたい。きっと幸せな夜を全身に感じられることだろう。

そして、親しい友にも誘いの声をかけてやっていただければと思う。

これで一通りの学習は終ったが、これからは一般的にも悩みあるもの、知りたいもの、行いたいものを幾つかを上げつつ話をしていく。

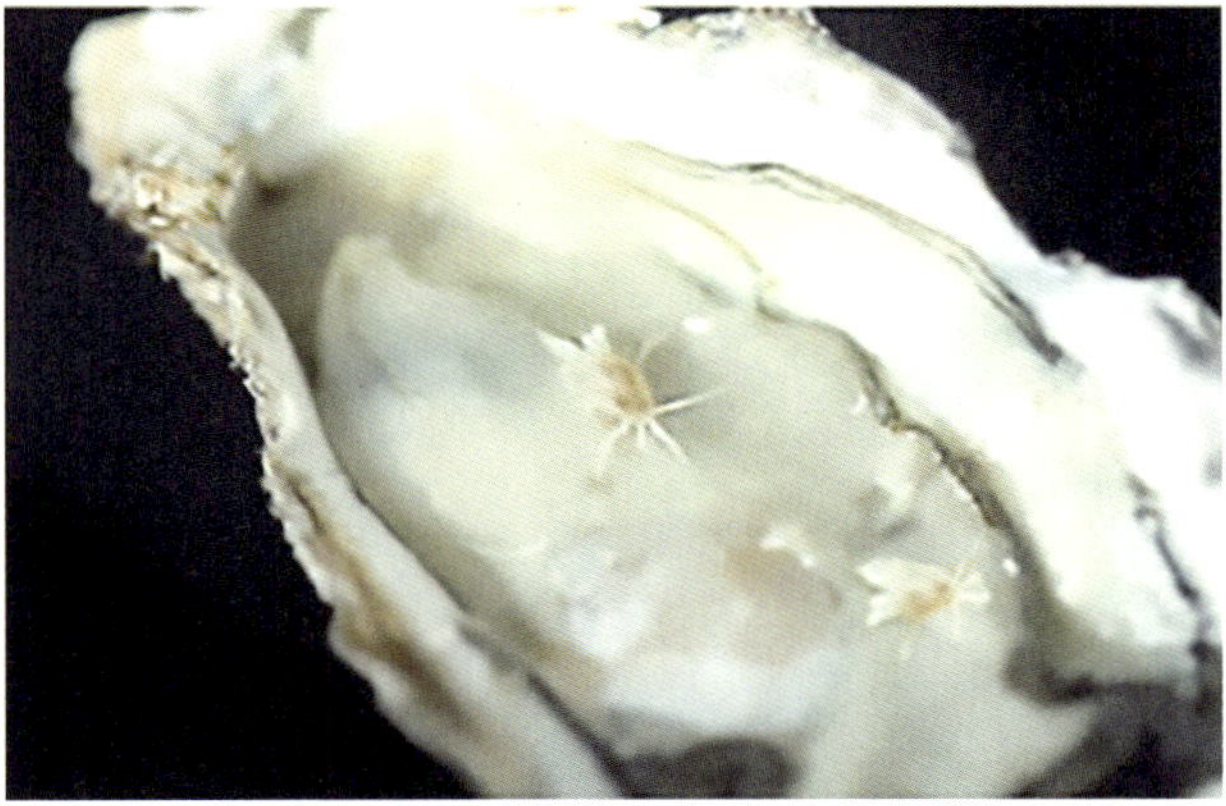

コラム5

強精食について

この章についてはインドのアーユルヴェーダより伝わったとされる〈ダルーマ〉の法則を頂いて説明することにした。

この〈ダルーマ〉とは実行力のことを指している言葉である。

一　その人の体質に合った食べ物が強精に役立つ。

二　人の体質も四つに分ける。

＊熱型タイプ

＊寒型タイプ

＊実型タイプ
＊虚型タイプ
この四つのタイプを解りやすく説明する。
＊熱型タイプ
暖房を嫌う人で暖房のある場所では、たとえ集会場やどこかのショッピングセンター、デパートなどでも息苦しく感じる。普通の人より暑がりで熱に弱い。
＊寒型タイプ
冷房に弱い人で寝る時には湯タンポなどが必要。冬場などは早くから手袋マフラーなどを必要としている。

＊実型タイプ
体力充実な人でいつも便秘ぎみ。朝起きると目やにが出来やすい。

＊虚型タイプ
少々ひ弱で常にお腹がゆるく下痢ぎみ。声も弱々しい。

この四つのタイプは、あくまでも体質の上から分けたものである。なぜなら、そのタイプに合った食生活が強精となるからである。だから常々の食生活がタイプにぴったりの人は、自然と強精していることになるし、反対に食生活が合っていないと病気まで呼び起こす人もあるかもしれない。

ともかくタイプによる食生活を守っていくと健康にもなるし精力的にも強くなるという訳である。

＊熱型タイプ

玄米・小麦・小豆・カニ・ハチミツ・鱚《きす》・キビナゴ

体のほてりを調えることに大いに役立つ食品である。ほてりを抑えることによって疲れも半減されるし、気持も爽やかになる。

またソバはコレステロールを取ってくれる。

＊寒型タイプ
生姜・大蒜《にんにく》・ネギ・シソ・アボカド・牛肉・トリ肉・鰤《ぶり》・鰹《かつお》

多くの熱量が身体を暖めてくれる。末端まで熱を届かす。その上に消化力も非常によい。

＊実型タイプ
玄米・小豆・大蒜《にんにく》・ネギ・ヒジキ・昆布・アスパラガス・シソ・寒天・ヨーグルト・鮃《ひらめ》・なまこ

これ等は栄養の配合を順調にした食物・食べ方であり、腹の調子も爽やかになるので常に明るくなる。

＊虚型タイプ

牛肉・トリ肉・エビ・うなぎ・どじょう・ゴマ・山芋・落花生・里芋・鮭・鱒《ます》

野菜では赤色の物がよい。

このように各タイプによって食生活を改善していくと、思いの以上に健康が調う。強力な精気が身につき、しいては強力な強精にまでつなげていくことが出来る。

第六章　感じたいところはどこ？

疼きだす核

女性の脳がしたたかであることは前に触れたが、脳は大脳旧皮質と大脳新皮質の二極で働いている。

女性は大脳旧皮質でいくら「こうして欲しい」と思っていてもなかなか言葉に出していうことを恥らう。ならやめるのかというとそれも嫌である。

そして相手に何とか実現させようとして、怪しげな仕種で実動へと誘い出す。

それが吐息になったり、愛液になったり、背をそったりといった姿であると学んで欲しい。

この辺りまで分かれば、今度は男性の責任である。
女性の「心の叫び」は「クンニして」である。
この一言を心の中で受け止め、最上のテクニックで「クンニ」を実行することだ。
実行の仕方については、先に説明してあるからその説明の必要はもうないだろう。

変化の歓び

粛々と愛撫をしている時にちょっとした変化を試みるのもマンネリにならないための技だ。

たとえば、産毛の多いところを一気に直接的に逆撫でするのも、相手も今までの愛撫と全く違った感覚なので、その効果は抜群である。

また手の指を立てて筋肉のある場所をこれも直接的に撫で掻くのも変化になる。

ちょっと痛がゆいことが、快感を誘う。

甘い優しい愛撫とともに変化ある刺激が加わると、エクスタシーへの快道が、否が応にも開かれる。

脹《ふく》ら脛《はぎ》・背中・腕の内側、太股《ふともも》の裏側、そして、足裏や手の平も候補として上げられる。

Gスポット

G点とかGスポットという場所は、一九五〇年にドイツの産婦人科の医師であったグレフェンベルク博士が発見した性感帯のことを彼の頭文字を取ってつけた名前である。

名前はともあれこの性感帯は、膣内においての大絶叫スポットである。

ところが巷では、膣に指を入れたら自然にGに到達するものと誤解されている。

正しくは、正常位の女性に男は正しく座り、二本の指を膣に挿入する。それもゆっくりである。指が根本まで入ったら、第二関節のところで折り曲げる。聡骨の裏側に触れるちょっと固いところがそれである。

ここをゆったりとしたリズムで上下に愛撫をする。指の腹でちょっと押してはパッと放す。やがて、女性の大絶叫に出合う。

何とも言えない、これも至福の時であると言っておく。

脳が刺激を求めている

脳は常に刺激を受けて生きる充実感を養っている。

食欲が消えてしまったら、人間おしまいだ。年をとると食欲がなくなり、食べる量こそ少なくなるが、美味なものにはかえって旺盛になっていることの方が、多いのではないだろうか。

性欲とて同じである。

あり方こそ違っているが、触れる快感はなくなっていない。なくなるどころか盛んになっているかもしれない。

美しい花や美しい景色、新しい旅なども、若い時よりも旺盛であるのも性欲が続いている証でもある。

助平話《すけべ》も平気で楽しんでいるが、これも性欲のある証である。

新しいものへの挑戦。

何かを生み出したい心。

人より先に、人より上に、人が出来ないことへの挑戦・感激・感動……。

「もっともっとの気持ち」「諦めない心」――これ等は全て「助平心」である。

脳が多くの経験からいろんな快感脳を引きずり出し、性欲を保とうとしている証である。

複数人での共鳴

人は集団欲を持っているが、これも一つの性欲と考えてみるといい。

人は一人では生きられない。

常に誰かとともにして生きている。伴侶を求めている。語り合う、共感し合う、不満をぶつける——全て相手の必要なことばかりである。

これは大きな性欲なんだ。性欲的な関心があるからこそ相手を必要としていると、考えて欲しい。

人生の充実感を脳の刺激によって味わっているのだ。

だからこそ、若い頃からの会話や共存の経験が、脳をかけめぐることによって満足感をつくり上げている、という訳である。

お年寄が話し相手を探したり、お茶飲み友達をつくったりしているのも性欲の一つだと見て間違いない。

たとえば、気の合う人というのも若い頃に恋人を見るような思いと同じだと考えて間違いないであろう。

性欲と性力

性行為の出来る性力と、心の中で楽しんだり触れ合って喜んだり話し合って満足したり、旅をして心を豊かにしたりする性欲とは、全く違う。

性力の衰えを性欲の衰えと思うのは、大きな間違えであると思い直してみよ。

人は幾つになっても発情センサーが稼働する。

性ホルモンも血中に流れているということは、医学の上からも明確にされている事実である。

これ等はいずれも、過去の性経験によるところが大きい。よって若い時から外的刺激があった人と無かった人とでは、大きな差が生れているのも見逃すことは出来ない。

小生なんぞは今でも自分の好みの人、足の美しい人、腰の線の豊かな人、言葉に艶のある人、目が恋している人、感動の多い人、な

どに出逢うと性ホルモンが騒がしくなる。

また性欲は記憶や想像の影響も受けている。

気持ちのいい記憶は、その場面を想い出しても心が動き、ともすれば身体までが動くことさえある。

想像にしても同じことが言える。

「もし交わったら」と
想像の世界をつくるだけでも、一種の性欲がわいてくる。

この現象も脳の記憶によることが、大きいとされている。想像の世界はいくらでも大きく広がるので、脳が勝手にいろんなものを組み合わせてエキサイトするのだ。

これ等は全て、若い脳を維持しているからこその現象と言える。

こうした若い脳があれば幾つになっても若さもあるし、生き生きとした性欲も残っている。
ただし、性欲と性力は絶対に混同しないことだ。

英雄の〈快〉

世の中で「英雄色を好む」とよく言うが、いったい何を指して、英雄と言っているのだろうか。今ひとつ分かったようで、分からない気がしないだろうか。

・人の先頭に立って活躍している人が英雄でしょうか
・政治家になれば英雄でしょうか
・何か人よりも秀れた人をいうのでしょうか
・特別に技能を持ったスポーツ選手を差すのでしょうか

これ等もちょっと頭をかしげてしまう。

真の英雄とは、何かに没頭して力の限りをつくして戦っている、日常戦士の中に存在しているのではないだろうか。

この人達を観察していると、仕事もバリバリやってのけるが、食欲もある、足腰も強く、人との和も欠かすことなく、人格も秀れていて色気もたっぷりとあり、年老いてきても老いを感じさせない、遊びごとは人よりも多く取り、休息の場をつくっている。

人々が放って置かないこんな条件を満たしている人が、英雄たる資格があるのではないだろうか。

コラム6

元気でいられる秘訣

医学者の友人に聞いてみると、長寿の人達は大半が助平であると言っている。

しかも、仕事が出来、遊びも趣味も好きで、とことん助平でもあることも実状であるということだ。

「李家」の仙術でも精気のことを陽気とも呼んでいる。つまり人間の持つ生命のエネルギー本体のことをさしている。

天のエネルギー、地のエネルギー、万物に宿るエネルギーの全て一切の能力が自在に集結したものを霊能と呼んでいる。

その霊能に人間の感情と意識が混入されると、意念というものになる。

この移り変ったエネルギーは有情化したエネルギーと言って、無情である植物などとは違ったエネルギーなのである。

少し難しく感じることと思うが、先に説明した意念が元気に変化することで、人間の頑張ろうとする力も出てくる仕掛のための筋書きと知ってもらいたい。

通常では体力さえあれば、元気であるとしているが、元気であるということは、体力のみでなく精神力も充実していなければ、本当の意味で元気とは言えないと「李家」の仙術では言っている。

体力＋精神力＝元気が方程式であると覚えてもらいたい。

人が日常の状態であることを無感化と呼んでいる。

これが何かを感じて変化したものを有感化と呼んでいる。

人間の持っている元気が有感化したものが、実は精気なのである。この方程式から言って、ただ元気であっても精力が満ちていることにはならないのである。

元気が何かを感じて精気に変り、その精気が精力に変化、すなわち有感化して初めて強い精力となるのである。

方程式に置きかえれば、元気↓精気↓精力となる。

スポーツをするとか、山登りをするとか、楽しい遊びをするとか、仲間でマージャンをするとか、音楽に興じるとか、散歩するとか、走るとか、全て精力のあることによるものである。

これをセックスに振り向けることによって有形化して液化となる。

目に見える変化で男性であれば精力が精液と有形化される。

女性ならばオルガスムスによる陰液となる、ぬめりある陰水、あれが精力の有形化した証しである。

ここで考えなければならないことは、万物のエネルギーを寄せ集めた霊能から精液になるまでのことだけであるのであれば、ただ身体をいたぶって、体の消耗や損失をしただけに過ぎないと思わなければならない。

体の衰えが目的ではないはずである。

健康を目的とするには、精液を反対に霊能にいたらさねばならない。

精液を充分に蓄えることによって精力が満ちて陽気、即ち精気となり元気となる。それが、霊能の強化になることは必定である。

万物のエネルギーが強力になれば精力も大きくなる。そうなれば長生きになるし、若返りにもなりセックスも生き生きとなってくるという訳だ。

この章はいささか学術的になり過ぎてしまったが、真剣なる故のこととご理解願いたい。

終章　好奇心が脳を活性化する

〈快〉のリズムが必要

はて色々な方面から多様な形で人の生れながらにして持っている食欲・睡眠欲・性欲の内、今回は性欲について、ことに脳が深くかかわっていることを取り上げて私達の日常生活をいかに活発化させるか、いかに楽しい生活が出来るかが少しでも分かっていただけたら、大成功だと思っています。

そこで、これよりは、なぜこうした〈快〉のリズムが必要なのかについて多くの知人や専門家の人達の御意見をうかがいながら、もう少しお話を進めていきたいと思います。

〈期待感〉というエネルギー

多くの場合、重要な問題となるのは、人の心と脳が何によって大きく変動するのかということです。それが人の考え、行動、そして歩む道すら好転をさせていくのです。

ごく気楽に考えてみて下さい。すぐに分かることです。それは〈期待感〉というやつです。人が向上していく時、この〈期待感〉が大きなエネルギー源となって各方面に働きかけます。予期もしなかった幸運や出逢いも、ここから生れやすくなります。

人間の脳は、自律神経によって心に即反応するように出来ています。逆もまた真なりであり、〈期待感〉もまぎれもなく大きく反応をすることはいうまでもありません。

たとえば、野球のゲームを見ていても、自分が期待する選手が出てくると、手に汗をにぎるほど〈期待感〉があふれ出てきます。負けていたゲームでも「この選手が活躍してくれる」と心が興奮状態になってくるものです。

大きな期待感は大きなエネルギーの〝かたまり〟となって、選手にまで伝わります。こういった、日常で多く見られる〝エネルギー現象〟は、誰もが一度や二度は体験しているはずです。これは、いわゆる〈人対人〉で伝わる脳エネルギー現象です。重要なことは、個人の内部で発生する期待感のエネルギー現象は、日常たゆまなく起きており、自ら起こすことも可能だ、ということです。

本書のテーマである〈性〉についても、この〈期待感〉が大きなウェイトをしめています。

〈する脳〉と〈したい脳〉

友人の医学者がこんなことを教えてくれました。〈する脳〉なのか〈したい脳〉なのかで、大きな開きがあるのだと。

〈する脳〉は、下半身の物的な処理だけであるが、〈したい脳〉には、心が加わり、何かしらを期待することで、豊かな思いや考えが生れて来る。いわば、〈したい脳〉は〈してもらいたい脳〉でもあるのです。

たとえば、素晴しいホテルやレストランを見つけた時などは「一度来てみたい」と誰しもが思います。また、「誘ってもらいたい」とも思いがめぐります。この「期待感」が実現された時の喜びは、

通常の何倍にもなることは、容易に想像することが出来ます。

はじめての、楽しみにしていた食事が、期待する相手と一緒なら、尚更のこと、大きな愛が芽生えてくる可能性は大きくなります。これが〈快〉の場でなくて何なんでしょう。

こうした〈快〉を生み出す〈期待感〉はどんなに年をとっても持ち続けることは可能ですし、持つことが人生の〈性〉における〈快〉なのです。

ある社長の話

私は、中堅企業の社長をしている友人にこの話をしたことがあります。毎日の仕事や付き合いに追われていた友人は、毎日の帰宅も遅く、奥さんとの間が冷え切っていました。かと言って若い女性と付き合うほどの器量もありません。

私と会えば、口癖のように「もう年だから……」とか「女なんて忘れてしまったよ……」などの不満と愚痴ばかりで、前向きな言葉の一つも聞く事が出来ませんでした。そして、奥さんのことも「うちのばあさんが……」等とのたまい、何かに期待する言葉を見いだすことなどは全くなく、話の場も白けてしまうほどでした。

経営していた会社の方も、どことなく勢いがなくなり、以前の様な迫力もなくなってきています。そこで「何処か旅先で美味しいものでも見つけて、奥さんを誘ってみたら」とアドバイスをしてみました。初めは少し渋っていましたが、小生の心が通じたのか、二週間ほどして帆立貝のお土産を持って、夫婦づれでひょっこり顔を出しに来ました。

二人とも以前とは全く違って明るい表情で、声にも張りがあるのには薦めたこっちの方がびっくりするほどで、何か恋愛中の若者でも見た様でした。それに、グルメを堪能した函館の話、洞爺湖での水中花火などの話を二人でわいわい、うきうき話し出す様は、まるで若い時代へプレイバックした様な感じで、一緒に囲んだ夕食も以前とは違ってモリモリ……それからの彼の仕事振りは別人の様で、フットワークも良く、昔からの得意先もどんどんと戻って来て、実のある花のある生活へ回帰。今度は仲間うちの相談役までやってのける様になり、自分の体験を惜しみなく活用して、人助けまでしています。

〈老化〉と〈老いる〉のちがい

これこそ大きな〈期待感〉の実例ではないかと実感します。意欲的な挑戦心が、若い脳を取り戻してくれることがよくわかってきたことでしょう。この脳の発達が自分自身の〈ときめき〉となり〈したい脳〉を盛り上げているのです。どんな物とも出会いの〈ときめき〉が生まれます。その上に好きな人や夫婦などの語らいや笑いが何となく心に染みて、心の奥にある青春を奮い立たせてくれるのです。そこには異性との快い甘い香りが必ずついてきます。

この時起きる感受性こそ大変大きな〈老化防止〉の役割をしているのです。ボケる暇などなき脳の動きとなって、自分も相手も若き愛の香りの中でいられるという訳です。

諸君の脳の中で〈老化〉と〈老いる〉を一緒にしてはいないでしょうか。人は年とともに自然に老いてきます。それは〈老化〉とは全く違います、心の張りは異性を意識します。魅力的なおしゃれは、その時々を楽しむことになります。憧れだって、ときめきだって、青春の一つなのです。心と脳の若さがあれば、人は幾つになっても恋をしているのです。

そこには好奇心というやつもいます。好奇心は新しいときめきを生んでくれます。勇気ある行動力も導いてくれます。ほのかな快い旅や、食事の一時、酌み交わす酒の味わい、ちょっとした夜の銀ブラ、電話一本の声色、どれを取っても何とも暖かい物が溢れて来ます。

〈ときめき〉と青春

こんな素晴しい青春を忘れかけていませんか。素晴しい〈ときめき〉は自分の若さと命を助けてくれます。香りや、味、触れる喜び、噛む感触、これらの刺激は前頭葉が大いに活動してくれますし、人と人のコミュニケーションの主役も務めてくれます。

「食事を一緒にしたい」と思う心は、合体願望の一つなのです。「同じ空気の場にいたい」という心の動きなのです。

何かを一緒に見に行きたい心も合体願望ですし、とにかく同じ空間にいたい、同じ空気を吸いたいという、青春特有の願望・欲求といえましょう。いや、青春そのものです。

幾つの年になっても実行するのが青春なんですし、幾つ年が開いていても変色しないのが青春であると、多くのその道の先達も声を大に訴えていることです。

尊敬する心さえも

尊敬する心も人のコミュニケーションには欠かせません。

尊敬は愛に変身する近道でもあります。尊敬出来る人との食事や旅は、とても気持のよいものです。そんな時は、変身の術であるおしゃれもしたくなります。相手を意識しているからです。まぎれも無い優しい愛なんです。いや、恋かもしれませんね。

〈快〉と〈性〉を結ぶ好奇心と助平脳

また、好奇心は何か新しいものを発見したい脳でもあります。即ち助平脳なんです。どんなに新しい発見に出会っても、その時点から更に新しいものを欲しがっている助平脳こそ、愛を向上させたり、文盟や文化も生みだしている脳であり、〈快〉でもあります。人はこの脳を使って、未知なる世界を探っているのです。この探険精神こそが〈性〉の世界を広くしてくれていますし〈快〉の世界をも幅広くしてくれています。

その助平脳が自然を見つめたら、科学者の世界となるのです。あのノーベル賞の人達も世界を探る飽くなき好奇心の人達と言えるでしょう。

もちろん、〈性〉の世界も奥深い魅力に溢れています。異性の魅力にも心がしびれます。それを十分に承知している脳こそ、助平脳と言えるのです。言葉を交わし合うことの素晴しさを知れば、大きな前戯力ともなります。酒を飲む楽しみ、食事の楽しさ、ともかく一緒に時を過す工夫も、好奇心があればマンネリにならず大きな大きな前戯となってよいと思います。花を咲かせたいと思うなら、即実行してみて下さい。

あとがき

取り留めのない話が続きましたが、どれ一つとっても人生の性を考えるうえで不必要なものは何一つありません。脳と性が切っても切れない関係にあることも、現代の医学があの手この手で証明してくれています。

一般にいう老人ボケや、痴呆症にしても、性の営みから遠ざかっている人に多く見られていることも明らかになってきています。

愛という立派なコミュニケーションが大きな良薬であることも、ここで知って下さい。もちろん、社会で起きるストレスなども解消してくれます。反対に嫉妬などは脳の力を低下させて、性の力も無にしています。また、不満なども大いに脳の力を妨げて、性の力を壊していますので、十分に気を付ける必要があります。

人間の持つおしゃれへの欲求などは、脳の活性化に立派に貢献していますので、ちょっとした身だしなみには常に気を使って、爪などは伸びていない様にするのも、脳を動かし性を盛んにしてくれます。とにかく、人間の脳は刺激が必要だと考えて下さい。

一般に言っている色気というのも大切で、脳の働きにはとても大事なことではあるのですが、何となく勘違いをしている様に思えてならないのです。ただ容姿がよくて、男好きなことだけを言っている様にみえます。

そうではなくて、仕事場においても、自分の力を出し切って楽しくやっている人などは、とても色気を感じます。人様が見ていようがいまいが一向に気にすることなく、周りの人に対しても、常に気配りをしているなどは、それこそ、体中から出ている色気を感じてしまいます。

こういった人びとは、どんな小さなことでも好奇心を失わず、感動や感激を素直に表現できるのも特徴的です。なぜ、こうした動きが色気となっているかというと、一連のプロセス、脳の中にモルヒネを作り出していると専門家の友人に教えられました。そのモルヒネがストレスを解消してくれているという訳です。

もっと掘り下げて見てみると、副腎皮質からの刺激ホルモンが体全体をほぐして、ストレスを消してくれています。また、大量のベーターエンドルフィンが心のイライラ、即ち心のストレスを解消してくれています。

これ等のホルモンをつくり出す重要な担い手が、愛の交換であるとも教えられました。よって、愛の交換こそ、脳の栄養づくりということになりますし、色気の脳の親ともいえると考えます。ですから、脳が常に元気であって、かつ活発に動き、快適であれば、自然に性的な欲求も盛んになってくると考えて下さい。

「あの人に逢いたい」「お茶を一緒にしたい」などの欲求も、性的な欲求の中に入ります。おたがいが心を開いて逢うという行動や思い、考えが、豊かさを演出してくれます。食事も趣味も共に楽しむ〈快〉があれば、立派な性の欲求です。

これらの欲求が人間の持味にも、豊かな人間美にもなって、現実に表に現われます。人から見ても爽やかで、何となく快い愛を感じるものです。

一昔前は「いい年をして……」などと揶揄されたことですが、よくよく観察してみますと、この人間愛的欲求を持った人ほど、世の中に名を馳せているといっても過言ではありません。

「英雄色を好む」という諺も、それを裏付けているのかもしれません。昔の豪商達が別邸を持って憩いの場としていたのもうなずける様な気がします。

そして、医学的にも脳の最も重要かつ高度・高等な部所が、快く働いて自分の役目、機能を立派に心ゆくまで果していると言われています。ですから、ボケなど出てくる隙もありませんし、いつまでも若々しさを保つことも出来ているという仕掛けを、十分に知っておいて下さい。

男も女も、おたがいに思いやる心で付き合ってみて下さい。そこには、満足出来る愛と性の場があるはずです。感動する心も、感激する心も同じだと言っておきます。そして、皆さんが常に気にしている若さです。これも、脳の働き一つで大いに若がえることも、活力ある色気を持つことも可能です。そのためには、その脳が常に若くなければなりません。その秘訣は、前にも述べた好奇心です。

どんな小さなことでも、好奇心を持って向かうということが、脳を活発にしてくれます。ましてや、思う相手への好奇心となれば、最も上質なエネルギーが脳を一杯にしてくれることはお約束します。

どうか「助平」を馬鹿にしないで、長い愛の秘訣として、〈快〉ある人生の小道具として心に刻んで下されば、これ以上ない幸せを感じます。この次には『食編』で、快い人生を見つめるままに、皆さんとお目にかかることを楽しみにして、筆をおきます。

上月わたる（こうづき・わたる）

1934年、香川県綾歌郡飯山町（現丸亀市）出身。地方テレビ局のアナウンサーとして活躍していたが病に見舞われ職を辞し、日本全国放浪の旅へ出て数多くの知己を得る。様ざまな職業を経験した後、現在、国際エコロジー団体の日本代表を務めるとともに、インターナショナル組織の代表も務める。著書に『雑草の如き道なりき しがらみ編』『雑草の如き道なりき 病苦編』『気楽にいこうよ 自然のままに』『完璧を求めるから辛くなるんだ』『後だって先だって 辿りついたら同じだよ』『成功した者は暗闇を避けてはいない』『道なくば道をひらけよ』（以上、牧野出版）がある。

性《せい》の道《みち》づれ　脳《のう》が求《もと》める快楽《かいらく》

2016年5月20日　発行

著者　上月わたる
発行人　佐久間憲一
発行所　株式会社牧野出版
〒135－0053
東京都江東区辰巳1-4-11　STビル辰巳別館5F
電話 03-6457-0801
ファックス（注文）03-3522-0802
http://www.makinopb.com
印刷・製本　中央精版印刷株式会社

内容に関するお問い合わせ、ご感想は下記のアドレスにお送りください。
dokusha@makinopb.com
乱丁・落丁本は、ご面倒ですが小社宛にお送りください。
送料小社負担でお取り替えいたします。
 ISBN978-4-89500-206-6